Texte de Pamela Hickman • Illustrations de Heather Collins

AUTOUR DE NOUS
LES
OISEAUX

Texte français de Martine Faubert

Les éditions Scholastic

Données de catalogage avant publication (Canada)

Hickman, Pamela
  Les oiseaux

(Autour de nous)
Traduction de : The kids Canadian bird book.
Comprend un index.

ISBN 0-439-98659-1

1. Oiseaux – Canada – Ouvrages pour la jeunesse. I. Collins,
Heather. II. Faubert, Martine. III. Titre. IV. Collection.

QL685.H5314 2001   j598'.0971   C00-9329999-4

Édition publiée par Les éditions Scholastic,
175 Hillmount Road, Markham (Ontario) L6C 1Z7,
avec la permission de Kids Can Press Ltd.

Coordination de la publication : Trudee Romanek
Directrice de la collection : Laurie Wark
Conception : Blair Kerrigan / Glyphics

4 3 2 1   Imprimé à Hong-Kong   01 02 03 04

Remerciements

Je remercie Valerie Hussey, de Kids Can Press, qui a eu
l'idée de lancer cette collection d'histoire naturelle et qui
m'a alors demandé d'en écrire les textes. Merci aussi à
Trudee Romanek, coordonnatrice de la publication,
pour sa patience, et son habileté de condenser le texte. Je
ne voudrais pas oublier Blair Kerrigan, responsable de la
conception graphique, et Heather Collins, qui sait si
bien donner vie aux textes. Enfin, je tiens à souligner ma
reconnaissance à mes beaux-parents, Jack et Juliet
Hickman, qui se sont occupés de mes trois enfants
pendant que mon mari et moi nous sommes échappés
vers la Gaspésie afin d'y voir de nos propres yeux les
colonies de fous de Bassan et autres oiseaux de mer.

*À James, Catherine
et Rebecca Hunter*
P. H.

TABLE DES MATIÈRES

Premiers contacts	4
Le bec, les pattes et les plumes	6
Les familles	8
Les nids	10
Une cabane d'oiseaux	12
Oiseaux en hiver	14
Nourris les oiseaux	16
Les oiseaux migrateurs	18
Chants d'oiseaux	20
Apprends à observer les oiseaux	22
Les oiseaux de mer	24
Les oiseaux des prés et des marécages	26
Les oiseaux et toi	28
Les espèces menacées	30
Index	32

Premiers contacts

Quel est ton oiseau préféré? Le huart, la mésange ou le pic? Ces trois espèces vivent au Canada. Et il y en a encore des centaines d'autres, à la ville comme à la campagne. Dans ce livre, tu apprendras à connaître les oiseaux du Canada, de l'Atlantique au Pacifique. Tu pourras aussi t'initier à l'observation des oiseaux et apprendre à les attirer dans ton jardin, sur ton balcon ou autour de ton chalet. Mais, avant de te lancer dans cette grande aventure, regarde bien les oiseaux illustrés sur ces deux pages. Ils ne se ressemblent peut-être pas beaucoup. Pourtant, ils ont beaucoup de choses en commun.

Certains oiseaux sont dits migrateurs, c'est-à-dire qu'ils font de longs voyages, en quête de nourriture.

Tous les oiseaux ont un bec, deux ailes, deux pattes et une queue.

Tous les oiseaux ont le corps couvert de plumes, contrairement aux autres animaux.

Tous les oiseaux pondent des œufs, et la plupart construisent des nids pour y élever leurs petits.

Le bec, les pattes et les plumes

Tous les oiseaux ont un bec, deux pattes et des plumes. Mais pourquoi ont-ils l'air si différents les uns des autres? Parce que chaque espèce a un corps adapté à son habitat. Un oiseau qui vit près de l'eau se nourrit de poissons, et un oiseau qui habite la forêt mange des graines et des insectes. Chacun doit donc avoir le bec d'une forme qui lui permet de manger ce qu'il aime. De même, la forme des pattes varie suivant qu'elles servent à marcher ou à saisir des proies. Les plumes aussi sont importantes. Elles servent à tenir le corps bien au chaud et au sec, et aussi à faciliter le vol. Et leurs couleurs servent à attirer un partenaire ou à se camoufler face à un prédateur ou à une proie.

Le grand héron

Il se sert de son long bec pointu pour embrocher poissons et grenouilles. Ses longs doigts écartés en éventail l'aident à tenir en équilibre et à marcher dans l'eau peu profonde.

Le bec-scie à poitrine rousse

Il a les bords du bec en dents de scie, afin de mieux saisir les poissons. Ses plumes sont enduites d'une huile naturelle qui les rend imperméables. Ses pattes palmées lui permettent de nager et de plonger.

Le colibri à gorge rubis

Son long bec en forme de paille à boire lui permet d'aller laper de sa langue le délicieux nectar qui se trouve tout au fond des fleurs en forme de trompette.

La paruline à poitrine baie

Et, pour attraper des insectes, qu'y a-t-il de mieux qu'un petit bec pointu fonctionnant comme une pince?

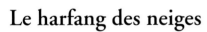

Le harfang des neiges

Son gros bec crochu lui permet de transporter ses proies et de les déchiqueter. Pour attraper les petits animaux, comme les lemmings et les souris, il se sert de ses grosses griffes pointues, appelées des serres. Et, dans les étendues de glace et de neige de l'Arctique, ses plumes blanches l'aident à se cacher de ses proies.

LE SAVAIS-TU?
La pie-grièche grise

La pie-grièche grise est un oiseau chanteur de la grosseur d'un merle, qui se nourrit de petits mammifères et d'oiseaux. Grâce à son bec crochu, elle peut facilement attraper une proie, mais ses pattes ne sont pas assez fortes pour l'immobiliser. Alors, pour pouvoir la manger, elle l'embroche sur les grosses épines de certains arbres ou arbustes, ou encore, sur les barbelés d'une clôture.

Le dur-bec des pins (mâle)

Son gros bec massif est parfait pour broyer ou casser les graines. Ses pattes, assez courtes, lui permettent de se percher. Les plumes de la femelle sont de couleurs ternes afin de la rendre difficile à voir quand elle est au nid. Celles du mâle sont de couleurs très vives afin de l'aider à attirer la femelle.

Les familles

Le macareux ne pond qu'un seul œuf par année, et la gélinotte huppée peut en pondre jusqu'à douze. Tous les oiseaux pondent des œufs, mais en nombre variable suivant les espèces. Une fois pondu, l'œuf doit être couvé, c'est-à-dire tenu bien au chaud jusqu'à ce qu'il éclose. En général, la femelle reste au nid à couver, et le mâle s'occupe d'aller lui chercher sa nourriture. La femelle a sur le ventre une zone dépourvue de plumes, appelée plaque incubatrice, qui permet à la chaleur de son corps de s'échapper afin de réchauffer l'œuf à couver. L'incubation dure de 11 à 80 jours, suivant les espèces.

Les oiseaux chanteurs, comme le geai bleu, naissent nus et sans défense. Leur mère doit les tenir au chaud jusqu'à ce que leur corps se couvre d'un fin duvet. Les petits du canard, de l'oie et de la gélinotte ont le corps couvert de plumes dès la naissance et apprennent très vite à marcher et à se nourrir par eux-mêmes.

le tangara

Le bec des oisillons est pourvu d'une bosse pointue qui leur permet de casser la coquille de leur œuf, de l'intérieur, au jour de l'éclosion.

le canard colvert

Les oisillons ont toujours faim, et les deux parents doivent s'occuper sans cesse d'aller leur chercher de la nourriture. La plupart des oiseaux terrestres nourrissent leurs petits avec des insectes. Les oiseaux de mer donnent aux leurs des morceaux de poisson déjà mastiqués.

En grandissant, les oisillons deviennent vite trop gros pour le nid. Ils doivent alors le quitter et apprendre à voler. Mais les parents continuent de les nourrir au sol, pendant encore une ou deux semaines, jusqu'à ce qu'ils sachent bien voler.

hérons

Transportes-tu un oiseau dans ta poche? Quatre espèces d'oiseaux sont représentées sur l'argent canadien. Essaie de trouver lesquelles!

le fou de Bassan

l'hirondelle des granges

le tyran huppé

le viréo aux yeux rouges

Les nids

Si tu étais une maman oiseau, tu voudrais certainement couver tes œufs et élever tes petits en toute sécurité. Certaines espèces construisent leur nid dans les arbres ou dans les broussailles, d'autres sur le flanc d'un immeuble ou d'une falaise et d'autres encore, sur le sol ou même sous la terre. Le gode pond ses œufs sur un rocher, tandis que le petit-duc maculé les dépose dans le trou abandonné par un pic. Et voici encore quelques bizarreries.

Au moment de la reproduction, les guillemots marmettes forment d'immenses groupes, appelés colonies. Ils s'installent au flanc d'une falaise rocheuse, le long des côtes atlantiques ou pacifiques. Chaque femelle pond un œuf unique, à même le roc. L'œuf est en forme de poire. S'il se met à rouler, il décrira un cercle, ce qui l'empêchera de tomber en bas de la falaise.

Le nid du grèbe à cou noir est une
espèce de radeau fait de plantes aquatiques,
qui flotte au gré des courants sur les lacs et les étangs
des Prairies. Les petits y sont à l'abri des prédateurs
terrestres, comme les mouffettes, et peuvent
en sortir pour aller nager en toute sécurité.

Devine où le martinet
ramoneur construit son nid!
Dans une cheminée, bien sûr.
Il a l'habitude de venir se
reposer ou construire son nid
sur les parois intérieures d'une
cheminée. Il le fabrique avec
des brindilles collées ensemble
par de la salive et le fait
adhérer à la paroi également
avec sa salive.

Le nid de l'oriole de
Baltimore est un savant
tissage de fibres
végétales, de poils et de
fils de toutes sortes. De
la forme d'une pochette,
il est suspendu à une
branche, tout en haut
d'un grand arbre. Les
oisillons s'y laissent bercer
par le vent.

LE SAVAIS-TU?

Le vacher ne construit pas de nid
et ne s'occupe pas non plus de
ses petits. Il pond ses œufs dans
le nid d'une autre espèce, en
laissant au parent adoptif le
soin d'élever ses petits.

Une cabane d'oiseaux

Tu peux créer un abri pour un oiseau en fabriquant cette cabane toute simple. Peut-être y découvriras-tu une famille de moineaux, d'hirondelles, de troglodytes ou de mésanges?

Il te faut :

un contenant de 2 litres de lait, en carton, bien rincé

des ciseaux

2 clous

50 cm de fil de fer fin

des feuilles et des herbes sèches

du gros ruban adhésif en plastique (utilisé pour faire les gros paquets ou couvrir les fils électriques)

un marteau

1. Demande à un adulte de t'aider à découper un cercle de 4 cm de largeur, à environ 5 cm de l'angle que forme le contenant de lait.

2. Du côté opposé, perce deux trous à l'aide d'un clou. Le trou du haut doit être à environ 7 cm de l'angle du contenant, et le second, à environ 7 cm de la base.

3. Fais passer le fil de fer par le trou du haut, vers l'intérieur, puis fais-le ressortir par le trou du bas.

6. Au début du printemps, cherche un poteau ou un tronc d'arbre isolé. Plantes-y les deux clous, à environ 30 cm l'un au-dessus de l'autre. Enroule les extrémités du fil de fer autour de chacun des deux clous, en t'assurant que la cabane est solidement fixée.

4. Dépose les feuilles et les herbes au fond du contenant, afin de rendre ta cabane plus douillette pour les oiseaux.

5. Avec le ruban adhésif, referme soigneusement le haut du contenant.

7. Observe les oiseaux en train de construire leur nid. Mais ne t'en approche pas trop, sinon tu risquerais de les déranger. Si aucun oiseau ne s'est installé dans ta cabane, ne te décourage pas. Laisse-la en place pour l'année prochaine.

Un geste si simple!

Au début du printemps, tu peux aider les oiseaux en leur fournissant les matériaux dont ils ont besoin pour construire leur nid. Il te suffit de suspendre au bout d'une branche, dans un arbre ou un arbuste, des bouts de fil ou de laine, les cheveux que tu retires de ta brosse, de petits bouts de tissu ou la charpie qui s'accumule dans le filtre du sèche-linge. Et regarde tous les oiseaux qui viennent se servir, puis repartent vers leur nid.

Oiseaux en hiver

Comment fais-tu pour ne pas prendre froid dans la neige, en plein hiver? Tu sors moins souvent et, quand tu le fais, tu t'emmitoufles dans des vêtements bien chauds. Mais, t'es-tu déjà demandé comment les oiseaux font pour ne pas mourir de froid en hiver? En fait, ce sont des experts de la résistance au froid, et nous avons beaucoup appris d'eux.

Observe bien les oiseaux en hiver. N'ont-ils pas l'air plus gros que d'habitude? Quand il fait froid, les oiseaux font gonfler leurs plumes afin d'y emprisonner de l'air, qui agit alors comme une couche isolante. Le geai du Canada, lorsqu'il gonfle ainsi ses plumes, devient trois fois plus gros que d'habitude. Lorsque tu portes un anorak de duvet, tu te réchauffes comme un oiseau, car le duvet se compose de petites plumes. Chez certains oiseaux, à l'approche de l'hiver, le plumage peut augmenter de près d'un millier de plumes, un peu comme s'ils revêtaient un manteau. Le lagopède a même des plumes qui lui poussent sur les doigts! Ses pattes ressemblent alors à des raquettes à neige, et il peut marcher sans s'enfoncer dans celle-ci.

On peut se réchauffer en se blottissant les uns contre les autres. Les mésanges se regroupent ainsi, dans le creux d'un arbre, et les étourneaux sansonnets se perchent dans un endroit à l'abri du vent.

Le lagopède est le seul oiseau du Canada dont le plumage change au blanc à l'approche de l'hiver. Ce camouflage lui permet de mieux passer inaperçu aux yeux de ses ennemis. Pour ne pas mourir de faim, il abandonne son régime habituel, fait d'insectes, pour se contenter de bourgeons et de brindilles.

La gélinotte huppée survit aux nuits glaciales de l'hiver en s'enfonçant sous la couche de neige. L'air emprisonné dans la neige rend celle-ci isolante. Le bruant des neiges, le sizerin flammé et quelques autres espèces de petits oiseaux font de même afin de se protéger contre le froid et les prédateurs.

Nourris les oiseaux

En hiver, les oiseaux doivent lutter contre le froid, mais aussi contre le manque de nourriture. S'ils mangent bien, leur corps garde plus facilement sa chaleur. La nourriture apporte aux oiseaux l'énergie dont ils ont besoin pour réchauffer leur corps. Tu peux aider les oiseaux de ton voisinage en leur fabriquant une mangeoire que tu rempliras tout l'hiver.

Il te faut :

une bouteille vide en plastique de 4 litres, avec son bouchon

des ciseaux

une branchette d'environ 25 cm de long, de la grosseur d'un crayon

du fil de fer fin

des graines pour les oiseaux

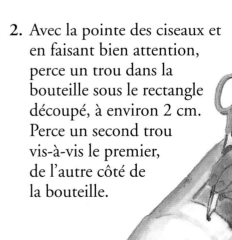

1. Rince bien la bouteille. Demande à un adulte d'y découper un rectangle d'environ 7 cm de large sur 10 cm de haut, dans la moitié supérieure de la bouteille.

2. Avec la pointe des ciseaux et en faisant bien attention, perce un trou dans la bouteille sous le rectangle découpé, à environ 2 cm. Perce un second trou vis-à-vis le premier, de l'autre côté de la bouteille.

3. Fais passer la branchette par ces trous, en t'assurant qu'elle dépasse à peu près de la même longueur de chaque côté. Elle servira de perchoir.

4. Pour suspendre ta mangeoire, enroule un bout du fil de fer autour du goulot de la bouteille et attache l'autre bout à une branche d'arbre. Choisis un endroit visible d'une fenêtre et facilement accessible, pour pouvoir la remplir.

5. Remplis ta mangeoire jusqu'au bord du trou avec des graines pour les oiseaux. Un mélange de grains de maïs, de graines de tournesol, de cacahuètes non salées et de millet leur fera plaisir.

La brochette de fruits

Les oiseaux mangeurs de fruits, comme les merles, les jaseurs et les orioles, aimeront cette mangeoire. Sur une baguette de bois à faire les brochettes (tu en trouveras à l'épicerie ou dans un magasin où on vend des articles pour la cuisine), enfile des raisins secs et des frais, des cerises, une orange à moitié pelée et coupée aux deux bouts, ou tout autre fruit qui te tombe sous la main. Attache une longue ficelle ou un long bout de fil de fer aux deux extrémités de la baguette, puis suspends celle-ci à une branche ou à la corde à linge.

Les oiseaux migrateurs

Quand le temps se met au froid, plusieurs espèces d'oiseaux quittent le Canada et se dirigent vers le sud, en quête de nourriture. Les oiseaux mangeurs d'insectes ou de nectar, comme les parulines et les colibris, ne trouvent plus rien à manger en hiver, car il n'y a plus de fleurs, et les insectes sont morts ou en état d'hibernation. Les oiseaux aquatiques migrent aussi, car la glace qui recouvre les cours d'eau les prive de leur nourriture et de leur gîte habituels.

Les oiseaux s'en vont toujours au même moment, vers la fin de l'été ou le début de l'automne, pour revenir au printemps suivant. Pourquoi reviennent-ils? Les oiseaux remontent vers le Canada parce qu'ils y trouvent de grands espaces où ils peuvent nicher sans être trop près les uns des autres. Les petits oiseaux, comme les parulines, migrent généralement pendant la nuit, afin de ne pas être aperçus de leurs prédateurs. Les plus gros oiseaux, comme les oies, migrent plutôt le jour.

Nos oiseaux migrateurs ne quittent pas tous le Canada. Par exemple, les oiseaux qui nichent dans l'Arctique, comme le bruant des neiges, le bruant hudsonien et les sizerins, passent l'hiver dans le sud du Canada. À l'automne, le cassenoix d'Amérique, qui vit habituellement dans les hauteurs des Rocheuses, va s'installer dans les vallées où il fait plus chaud en hiver.

Le baguage des oiseaux

Comment les scientifiques font-ils pour savoir ce que font les oiseaux quand ils migrent? Des techniciens en conservation de la faune attrapent les oiseaux, leur accrochent à la patte un anneau de métal, appelé une bague, pourvu d'un numéro, puis les relâchent. Si le même oiseau se fait attraper de nouveau, on saura grâce au numéro inscrit sur la bague d'où il est venu. De cette façon, les scientifiques peuvent mieux connaître les oiseaux, en particulier leurs comportements migratoires et leur durée de vie.

Si tu trouves un oiseau ainsi bagué, essaie de lire le numéro au moyen de jumelles. Si l'oiseau est mort, demande à un adulte de t'aider à retirer sa bague. Ensuite, sur une feuille de papier, inscris le numéro de la bague, l'espèce d'oiseau qui la portait (si tu la connais), la date et l'endroit où tu l'as aperçu (ou trouvé), et ton nom et ton adresse. Mets cette feuille dans une enveloppe, avec la bague si tu l'as, et envoie le tout à l'adresse suivante : Bureau de baguage des oiseaux, Service canadien de la faune, Ottawa, Ontario K1A 0H3. En retour, on te fera savoir où et quand l'oiseau a été bagué, et par qui.

LE SAVAIS-TU?

La sterne arctique est, parmi tous les oiseaux du monde, celui qui parcourt la plus grande distance lors de ses migrations. Vers la fin de l'été, elle quitte son territoire de nidification, dans l'Arctique, et descend vers le sud, jusqu'au cercle polaire antarctique. Elle niche dans l'est de l'Arctique canadien et, pour se rendre dans l'hémisphère sud, elle traverse d'abord l'océan Atlantique pour ensuite descendre le long des côtes de l'Europe et de l'Afrique.

Chants d'oiseaux

Tu as peut-être déjà entendu le chant du coq à l'aube. Mais as-tu déjà écouté le concert que font les oiseaux de toutes les espèces, au lever du soleil? Plusieurs espèces chantent plus d'une fois durant la journée. Les oiseaux se servent de leur chant pour marquer leur territoire autour du nid et pour attirer un ou une partenaire. Ils chantent aussi pour signifier qu'ils sont fâchés, effrayés ou affamés. Au début du printemps, le mâle s'approprie un territoire de nidification où, avec sa femelle, il pourra nicher et élever ses petits. Pour avertir les autres mâles de ne pas approcher, il se perche en des points élevés, comme le sommet d'un arbre ou d'un toit, et se met à chanter très fort, comme pour leur dire : « Défense de passer! ». Mais si une femelle approche, il se met à chanter autrement, afin de l'attirer vers lui.

Lorsque tu te promènes dans la forêt, tu as souvent de la difficulté à y apercevoir les oiseaux, à cause du feuillage. Mais tu peux toujours entendre leurs chants. Avec l'habitude, tu apprendras à reconnaître chaque espèce par son chant caractéristique. Un des trucs pour retenir plus facilement les chants des oiseaux consiste à les transformer en des mots dont la sonorité s'en approche. Par exemple, le chant du bruant à gorge blanche ressemble à « Où es-tu, Frédéric, Frédéric, Frédéric? ». Certaines espèces sont même nommées d'après la sonorité de leur chant, comme l'engoulevent bois-pourri, qui semble dire « bois pourri » quand il chante. Les geais bleus, les vachers et les quiscales ont un chant qui rappelle le grincement d'une poulie. Le moqueur chat miaule presque, d'où son nom.

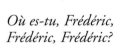

Où es-tu, Frédéric, Frédéric, Frédéric?

Miaou!

Le huart à collier

Lorsque tu veux observer les oiseaux, tu peux utiliser des jumelles, mais aussi une enregistreuse à cassettes. Si tu poses ton enregistreuse à l'extérieur et que tu y fais jouer le chant d'un huart, par exemple, un vrai huart te répondra peut-être ou se montrera le bout du nez. Et, avec de la pratique, tu apprendras à imiter toi-même les chants des oiseaux. Il te suffit de répéter les chants que tu entends autour de chez toi. Quand ton imitation sera au point, les oiseaux te répondront.

Apprends à observer les oiseaux

N'importe où au Canada, il y aura toujours quantité d'oiseaux à observer. Tu les verras perchés sur un fil de téléphone ou sur une branche, en train de planer au-dessus de ta tête, de nager ou de barboter dans l'eau. Il y a plus de 500 espèces d'oiseaux au Canada. Alors, comment faire pour les reconnaître toutes? On les identifie par la silhouette, les coloris et les marques, la taille, la forme de certaines parties du corps et le chant. Si tu aperçois un oiseau pourvu de très longues pattes, tu sais immédiatement que c'est un échassier ou un limicole (qui vit sur les rivages).

Le tableau ci-contre illustre les caractéristiques qui permettent de classer les oiseaux par grandes familles. Pour identifier un oiseau en particulier, tu devras utiliser un guide complet.

la taille

les becs

la silhouette

les queues

les coloris et
les marques

La taille

L'oiseau est-il petit, comme une mésange, de taille moyenne, comme le merle, ou gros comme un pigeon?

La silhouette

L'oiseau a-t-il le corps trapu comme celui du merle ou élancé comme celui de l'hirondelle?

Les parties du corps

Quelle est la forme du bec?

Les pattes sont-elles longues ou courtes?

La queue est-elle longue ou courte? Et de quelle forme?

L'oiseau a-t-il les pattes palmées, crochues ou courtes et très fines?

Porte-t-il une crête sur le dessus de la tête?

Quelle est la forme de ses ailes?

Les coloris et les marques

De quelle couleur l'oiseau est-il?

A-t-il la poitrine ornée de rayures ou de taches?

La tête, les ailes ou la queue sont-elles ornées de taches ou de rayures?

Le mouvement

Que fait l'oiseau au moment où tu l'observes?

Est-il en train de nager, de plonger ou de barboter dans l'eau?

Grimpe-t-il le long d'un tronc d'arbre ou le descend-il la tête en bas?

Vole-t-il en planant, en restant sur place ou en montant et en descendant, comme s'il était dans des montagnes russes?

Le lieu

Dans quelle sorte d'habitat as-tu aperçu l'oiseau : dans la forêt, au bord d'un lac ou dans un champ?

Où te trouves-tu, au Canada? Tu peux vérifier dans un guide d'identification des oiseaux du Canada les espèces les plus courantes de ta région.

Quelques trucs

- Garde toujours tes jumelles et ton guide d'identification des oiseaux à portée de la main.

- N'oublie pas d'apporter avec toi quelques poignées de graines pour les oiseaux. Les mésanges viendront manger dans ta main si tu la leur tends doucement.

- Évite de bouger et de faire du bruit.

- Fabrique un bain et une mangeoire d'oiseaux, que tu installeras dans ton jardin.

- Note les espèces d'oiseaux qui visitent ta mangeoire et ton bain, et compare tes listes d'une année à l'autre.

Les oiseaux de mer

Certaines espèces d'oiseaux vivent au grand large et ne reviennent vers les côtes que pour nidifier. Bordé par trois océans, l'Atlantique, le Pacifique et l'Arctique, le Canada offre aux oiseaux de mer des milliers de kilomètres de côtes où venir construire leurs nids.

Les oiseaux de mer sont bien adaptés à leur habitat. Ils ont des pattes palmées, qui leur permettent de nager. Les macareux et les guillemots se servent également de leurs ailes, courtes et étroites, pour nager sous l'eau. Une épaisse couche de graisse sous la peau et un fin duvet en surface protège leur corps contre le froid des eaux glaciales. Une glande située à la base de leur queue sécrète une huile. De leur bec, ils lissent leurs plumes avec cette huile afin de les imperméabiliser.

La plupart des oiseaux de mer nichent en immenses bandes appelées des colonies. Ils se rassemblent dans les endroits qui leur sont les plus favorables pour nidifier, à proximité d'un bon garde-manger, afin de pouvoir survivre en plus grand nombre. En se regroupant ainsi, ils sont aussi des milliers de paires d'yeux capables de détecter le moindre ennemi.

Les guillemots sont des oiseaux au plumage noir et blanc, et aux pattes courtes, placées vers l'arrière du corps. Quand ils marchent, on dirait des manchots. Ce sont d'excellents nageurs, tout comme les manchots. Mais, en plus, ils savent voler.

Le macareux moine s'appelle aussi perroquet de mer à cause de son bec rayé de couleurs vives. Après la période de reproduction, son bec diminue de volume et devient plus terne.

La plupart des oiseaux couvent leurs œufs en se couchant dessus. Les fous de Bassan ne pondent qu'un seul œuf, et les deux parents le couvent à tour de rôle en le couvrant de leurs pieds. Pendant que l'un couve, l'autre part se nourrir de poissons et de fruits de mer. L'île Bonaventure, au Québec, héberge une colonie de près de 50 000 fous de Bassan, la plus grosse en Amérique du Nord.

Les oiseaux des prés et des marécages

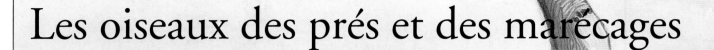

Tu as sans doute l'habitude d'observer les oiseaux perchés dans les arbres. Mais beaucoup préfèrent vivre au sol, dans les herbages. Les prés et les marécages fournissent un habitat idéal à de nombreuses espèces. Par exemple, plus de la moitié des canards nés en Amérique du Nord voient le jour dans des terres basses, souvent inondées. Les oiseaux des prés sont généralement couleur de terre ou de sable, afin de mieux se camoufler. Même leurs œufs sont de couleur beige tachetée de brun, pour mieux disparaître dans le paysage.

La chouette des terriers

Elle est petite et a de longues pattes. Elle vit dans les Prairies. Elle construit son nid sous terre, dans les terriers abandonnés par les petits mammifères de ces régions. Contrairement aux autres chouettes, elle est active de jour comme de nuit.

La gélinotte à queue fine

Au printemps, ces gélinottes se rassemblent dans les Prairies pour la parade nuptiale. Les mâles se mettent alors à faire du bruit en piétinant le sol, en faisant bruire leurs plumes et en criant. Et pour mieux attirer les femelles, ils émettent un cri sourd en gonflant les sacs pourprés qu'ils ont à la gorge.

La buse de Swainson

Si tu aperçois, perché sur une clôture, un rapace au plumage brun et blanc, c'est sans doute une buse de Swainson, très commune dans les Prairies. Elle se nourrit de souris, de chiens de prairie et de grandes sauterelles.

LE SAVAIS-TU?

La paruline des prés est un oiseau du sud de l'Ontario. Elle niche dans les dunes et dans les terrains secs, couverts de broussailles.

La barge marbrée

À la voir avec ses longues pattes fines et son long bec pointu, tu sais immédiatement que c'est un limicole. Elle s'installe dans les Prairies, en été. Elle nidifie dans les herbages et se nourrit dans les marécages et en bordure des étangs.

Le canard roux

Ce petit canard plongeur niche généralement dans l'ouest du Canada, en particulier dans les lacs, les étangs et les marécages des Prairies. Il tisse son nid avec des plantes aquatiques, au milieu des joncs et des quenouilles.

Les oiseaux et toi

Essaie d'imaginer le monde sans les oiseaux. Leur chant, leur plumage aux mille couleurs te manqueraient sûrement. Mais les oiseaux nous apportent bien plus que cela.

Les oiseaux représentent un maillon important dans la chaîne alimentaire. Les renards, les belettes, les coyotes, les visons, les lynx, les serpents et les tortues hargneuses se nourrissent d'oiseaux. D'autres animaux, comme le raton laveur et la mouffette, mangent les œufs. De nombreuses espèces animales dépendent des oiseaux pour leur survie.

Les plantes aussi ont besoin des oiseaux. Une fois pollinisées, les fleurs produisent des graines qui elles-mêmes permettront à de nouvelles fleurs de pousser. Les colibris, en s'abreuvant de nectar, pollinisent les fleurs. Les oiseaux mangeurs de fruits, comme les merles, aident les graines à se disperser. En effet, leur estomac ne peut pas digérer les graines; celles-ci sont donc rejetées dans leurs fientes, qu'ils laissent tomber loin de la plante mère.

Les oiseaux sont aussi très utiles aux agriculteurs, car ils mangent des millions d'insectes et de graines de mauvaises herbes qui pourraient abîmer les cultures. Ils se nourrissent également de moustiques, de mouches noires et d'autres insectes nuisibles.

À chaque province son oiseau

Seul le Nunavut ne s'est pas encore choisi d'oiseau.

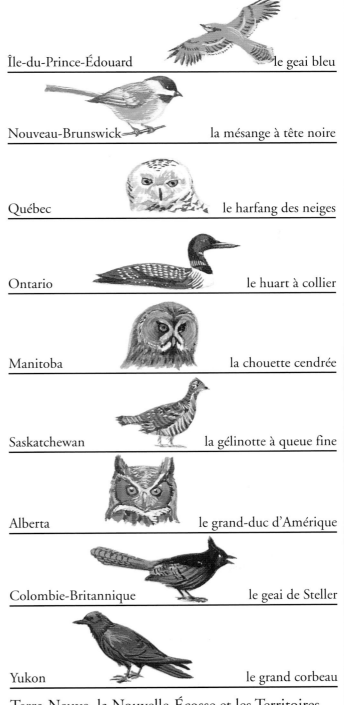

Île-du-Prince-Édouard — le geai bleu

Nouveau-Brunswick — la mésange à tête noire

Québec — le harfang des neiges

Ontario — le huart à collier

Manitoba — la chouette cendrée

Saskatchewan — la gélinotte à queue fine

Alberta — le grand-duc d'Amérique

Colombie-Britannique — le geai de Steller

Yukon — le grand corbeau

Terre-Neuve, la Nouvelle-Écosse et les Territoires du Nord-Ouest ont respectivement le macareux, le balbuzard et le faucon gerfaut comme emblème.

Les espèces menacées

Imagine qu'un bulldozer vient raser ta maison. Il te faudrait trouver un nouveau logis. Plusieurs espèces d'oiseaux du Canada se voient ainsi délogées du jour au lendemain, chaque fois qu'un pan de forêt est abattu, qu'un marécage est asséché ou qu'une prairie naturelle est détruite afin de laisser place à des fermes, des routes ou à de nouvelles maisons. Quand un oiseau perd son logis, il n'est pas toujours capable d'en trouver un autre. La pollution des sols, entre autres par les produits pétroliers, est aussi une grave menace pour certaines espèces d'oiseaux, car elle détruit leur habitat.

Une espèce d'oiseaux menacée est une espèce dont les membres meurent en trop grand nombre. Sans intervention, tous les oiseaux de l'espèce finiront par disparaître. Le canard du Labrador, le grand pingouin et la tourte sont ainsi des espèces canadiennes maintenant éteintes.

Les espèces menacées

Ces espèces sont désignées comme menacées en territoire canadien.

	Nom de l'oiseau	Région du Canada
1	Grue blanche d'Amérique	T. N.-O.
2	Courlis esquimau	T. N.-O.
3	Canard arlequin	QC, T.-N., N.-B., N.-É. (population de l'Est)
4	Faucon pèlerin (sous-espèce *anatum*)	partout sauf à l'Î.-P.-É.
5	Chouette tachetée	C.-B.
6	Pluvier montagnard	Alb., Sask.
7	Pluvier siffleur	Partout sauf en C.-B., dans les T. N.-O. et au Yn
8	Pie-grièche migratrice	Man., Ont., QC
9	Moqueur des armoises	Alb., C.-B., Sask.
10	Paruline de Kirtland	Ont., QC
11	Bruant de Henslow	Ont.
12	Moucherolle vert	Ont.
13	Râle élégant	Ont.
14	Colin de Virginie	Ont.

Le canard du Labrador

Tu peux les aider, toi aussi!

Un peu partout au Canada, des mesures sont prises afin de sauver les espèces d'oiseaux menacées. On a réintroduit le faucon pèlerin, on protège les nids des pluviers siffleurs sur les rivages du Nouveau-Brunswick et, en Saskatchewan, on a créé le Parc national des Prairies afin de protéger l'habitat de nombreux oiseaux. Toi aussi, tu peux aider les oiseaux et empêcher que de nouvelles espèces soient menacées. Voici ce que tu peux faire.

- Fabrique une mangeoire que tu rempliras de graines d'oiseaux tout au long de l'hiver.

- Plante des tournesols, des zinnias ou d'autres annuelles, en terre ou dans des bacs à fleurs. Ces plantes produiront des graines à profusion, que les oiseaux pourront venir manger pendant l'hiver.

- Fabrique une cabane d'oiseaux et accroche-la, au début du printemps, avant que les oiseaux ne reviennent pour nicher.

- Pour éviter que des oiseaux ne viennent s'écraser contre les vitres de ta maison, découpe dans du carton fort la silhouette d'un rapace et accroche-la dans la fenêtre, à l'extérieur.

- Fais d'autres cabanes d'oiseaux pour les vendre afin de récolter des fonds pour une association protectrice des oiseaux et de leur habitat. Tu peux l'annoncer dans le journal de ta localité.

INDEX

A

Arctique, 7, 18, 19

B

baguage, 19

becs, 6-7, 22, 25

C

cabane d'oiseaux, 12-13, 31

camouflage, 6, 7, 15, 26

chaîne alimentaire, 28, 29

chants d'oiseaux, 20-21

chouettes, 26, 29, 30

colibris, 5, 7, 18, 29

colonies, 10, 24, 25

corps

    caractéristiques générales, 4, 6

    caractéristiques particulières, 6-7, 22-23

    plus petit oiseau au Canada, 5

    Voir aussi becs, pattes, plumes

D

duvet, 8, 14, 24

E

échassiers, 22

    Voir aussi limicoles

éclosion, 8

emblèmes des provinces canadiennes, 29

F

familles d'oiseaux, 8-9

H

habitat, 6, 24-25, 26-27, 30, 31

hiver (oiseaux en --), 14-15, 18

huile, 24

I

incubation, 8, 25

L

limicoles, 22, 27.
    Voir aussi échassiers

M

mangeoires, 16-17, 23, 31

mangeurs de fruits, 17, 29

mangeurs de graines, 7, 29

mangeurs de nectar, 7, 18, 29

mangeurs de viande, 6, 7, 9, 27

mangeurs d'insectes, 7, 9, 15, 18, 29

migration, 4, 18-19

    la plus longue, 19

N

nids, 5, 10-11, 13, 26, 27

nourriture, 6-7, 17, 18, 27, 29, 31

    pour les petits, 9

    en hiver, 15, 16-17, 18

O

observation des oiseaux, 20-21, 22-23

œufs, 5, 8, 25, 28

    abandonnés, 11

    incubation, 8, 25

    caractéristiques particulières, 30

oiseaux aquatiques, 6, 11, 18, 22, 26, 27

oiseaux de mer, 9, 10, 24-25

oiseaux des marécages, 26-27

oiseaux des prés, 26-27

oisillons, 8-9, 11
    Voir aussi petits

P

parade nuptiale, 26

partenaire, 6-7, 20, 26

pattes, 6-7, 14, 25

petits, 5, 8-9, 10-11, 20
    Voir aussi oisillons

plaque incubatrice, 8

plumes, 4, 6, 8, 14, 24

T

territoire de nidification, 20